À coeur ouvert

Édition : BoD – Books on Demand, info@bod.fr
Impression : BoD – Books on Demand,
In de Tarpen 42, Norderstedt (Allemagne)
Impression à la demande
ISBN : 978-2-3224-4079-5
Dépôt légal : Juillet 2022

À mon père...

SOMMAIRE

7

Printemps

FIN D'ÉTÉ

Le soleil réchauffait notre chambre,
Fin du mois d'Août voilà Septembre,
La fin de l'été s'en vient nous prendre,
Des feux de joie ne restent que les cendres.

L'odeur du sel sur les plages animées,
Les rires puissants, la mer déchaînée,
Les longues soirées sans lendemain
À faire l'amour jusqu'au petit matin.

EG

JEUNESSE

Samedi midi, Paris.
Faire bronzer ta peau matte
Sur nos balcons chéris.
Puis mes joues, écarlates,

C'est l'été à Paris,
À l'heure des rendez-vous,
Des amoureux transis,
Il reste toujours nous,

Essayant d'être heureux,
Et de folles nuits à deux
Sous le doux ciel d'été
D'un Paris métissé.

EG

ENIVRÉE

Six heures et quart,
Paris s'éveille, un silence rare.
Bercés par les vapeurs d'alcool,
Se remémorant nos années folles.

De République à Châtelet
Dans un Paris juste éveillé,
Je me languis de nouvelles nuits
Aussi enivrantes que celle-ci.

EG

ELLE

Elle aime sentir le vent dans ses cheveux,
Elle aime à penser que vous mourrez vieux,
Elle aime la glace au chocolat
Et les soirées, celles où t'es là,
Elle aime l'amour,
Celui qui dure toujours,
Elle aime les chiens, les chats
Mais par dessus tout, ce qu'elle aime c'est toi.

EG

NUIT TENDRE

Je ne me souviens que de la nuit qui nous berce
Et du goût de tes lèvres qui se gercent
Par ce froid de décembre.
La lune et tes bras tendres,
Le bruit de ton coeur contre le mien
Jusqu'à demain.

EG

- Mais elle fait comment pour supporter la vie après autant d'épreuves?

– Elle écrit des poèmes.

EG

16

À L'AUBE

À l'aube de nos vies,
Je repense à tes yeux.
À ce sourire maudit,
Ce sourire malicieux.
Et je me dis
Qu'aujourd'hui
S'il ne restait que toi
Dans ce monde abruti,
Je te confierais mon âme,
Mon amour infini.

EG

DÉSIR

Désir, tu es ce plaisir que l'on a pas encore goûté, tu es ce sentiment qui fait frissonner les âmes.

Je t'aime autant que je te hais. Je t'aime de me faire vivre. Je te hais de me montrer ces manques et ces absences qui me freinent.

Désir, ton nom est si joli, si pur comment peux-tu être parfois si dur? Moi qui te laisse me guider dans la nuit, comment oses-tu me frustrer ainsi?

Tu es le piège dans lequel l'être humain jouit d'être tombé, cette drogue dont on adore s'enivrer jusqu'à ce qu'elle nous fasse vaciller.

Désir, je t'ai donné mon coeur, je suis prête à te donner mon corps.

Exalte-le de ton essence, mais, s'il te plait, ne fais plus flancher mes amours et mes rêves.

Laisse-les me bercer encore aussi longtemps que je te serai fidèle.

Quant à mon âme, plutôt que de la vendre au diable, je t'en fais volontiers offrande, car je préfère ta chaleur tendre, à celle des mensonges abyssaux qui clairsèment ce monde lorsque je suis loin de toi.

Désir, tu m'as souvent fait rêver, parfois fait pleurer, toujours fait vibrer. Entre tes mains je me donnerais entière, pour ressentir encore d'hier jusqu'à demain, ta chaleur nourricière.

EG

18

LES NUITS D'ÉTÉ

Nos âmes face au vent
Qui fait danser tes cheveux,
Porte nos coeurs d'adolescents
Et nos rêves ambitieux.

Dans un Paris d'été désert
Par une nuit pas moins torride
Que ton sourire parfois timide,
Je rêve nos corps en bord de mer.

EG

LUI

Il aimait les femmes
Et les fêtes en tout genre,
Puis il sentit sa peau, et son odeur amende,
Soudain il vit la flamme,
Celle qui fait peur aux gens
Celle qui demande du cran,
Alors il s'approcha,
L'entoura de ses bras,
Comme un trésor trouvé,
Un avenir tant cherché.

EG

DEMAIN DÈS L'AUBE

Demain dès l'aube
Je viendrais te trouver.
Je te rappellerais
Que la pluie éphémère
Qui existait hier
N'est désormais
Plus que poussière
Quand la lumière
Renaît
Lors des soleils couchés.

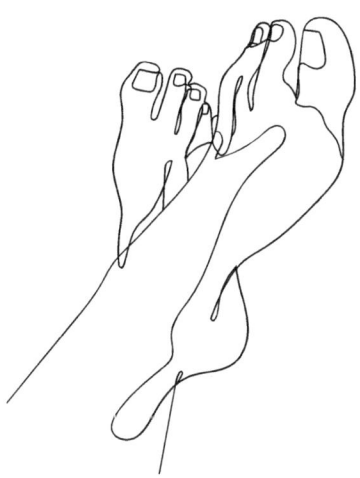

EG

UNE SOIRÉE DE PLUS

De notre amour je n'attends
Qu'un lendemain décent,
Une soirée de plus
Et quelques mots d'amour,
Un souffle d'air
Au bord de la mer,
Et puis tes bras
Autour de moi.

EG

PENSIVE

Ma peau t'appelle
Dans ses frissons
Des soirs d'hiver
Quand la tienne
N'est plus
Mienne
Que dans mes flous souvenirs.

EG

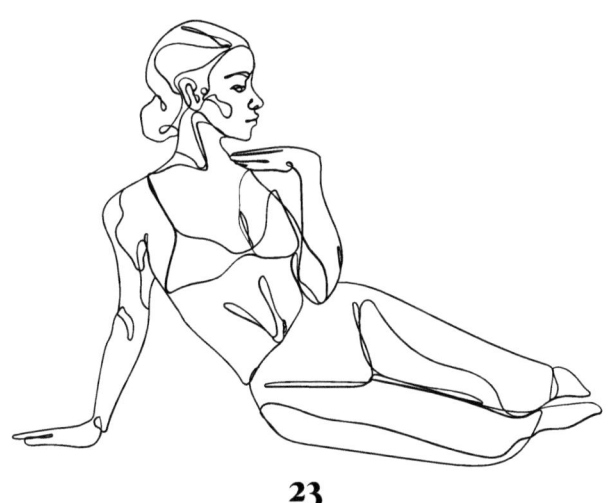

Été

AMOUR

*Il aimait se perdre dans leurs nuits
éphémères, il l'adorait lorsqu'elle était
vêtue, il balbutiait quand elle était nue, mais
par dessous tout c'est par ses mots qu'elle
s'appropriait son coeur. Elle chuchotait
l'amour, il buvait ses paroles. Il l'écoutait
durant des heures, bercé par son odeur.*

EG

CENSURE

Il avait l'air sage.
Et il sentait la noix de coco.
Les nuits dans ses bras c'était des voyages
Pas des heures de repos.

EG

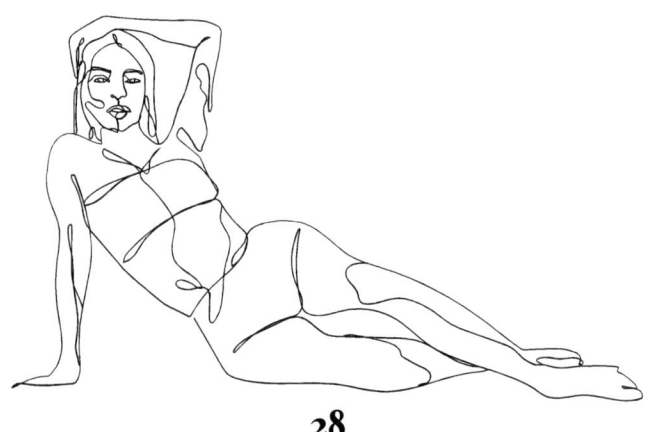

28

BLEU AZUR

Leurs éclats de rires flous sous une lune enflammée,
Leurs corps nus et bronzés sous un ciel étoilé,
Leurs ébats qui se fondent aux doux bruits de la nuit,
Et leurs coeurs qui s'emballent sous leurs souffles amoindris.
Dans l'Univers il ne reste qu'eux,
Il la regarde couleur azur,
Obsédés par le vice d'être deux
Il n'y a plus de plaisir censure.

En attendant sous les étoiles, dans l'Univers le temps d'une nuit,
Le silence peint sa plus belle toile, deux âmes en vie sous galaxie.

EG

J'aime chaque parcelle de toi
Comme un trésor qu'on effleure du doigt.

EG

- En deux mots, tu veux quoi? Allez, dis-le.

Je n'avais droit qu'à deux mots. Deux simples mots pour exprimer un torrent d'émotions incontrôlables et aussi imposantes que le Kraken. Deux mots quand mon âme et mon coeur ne demandaient qu'à s'unir pour exploser d'amour comme un feu d'artifice. Deux mots.

- Enivre-moi.

EG

SUCRÉ

J'implore le ciel
De me laisser encore,
Jusqu'aux aurores,
Tes yeux couleur miel.

EG

SAUVAGE

La fumée dans la chambre,
Le silence de nos coeurs,
C'est la fin des honneurs,
Des amoureux si tendres,
Ton verre,
Mes cigarettes,
S'envoyer en l'air,
L'amour en leurrette,
Tes fringues,
Mon cendrier,
Nos corps nus d'effrontés,
Ces mots déguisés.

EG

DOUCEUR ÉPHÉMÈRE

Des méandres au creux des reins,
Mon amour c'est soudain,
Ces matins de solitude
Ne sont plus que souvenir
On a prit de l'altitude,
Du baume à nos sourires,
Je t'aime à en mourir,
Reviens et fais moi rire
Encore,
Jusqu'à la mort.

EG

JUSTE TOI

Mon coeur en émoi,
Il ne reste que toi,
Mon âme est tienne
Et que cela ne tienne,
Je t'offrirais le monde
Car mon coeur est bombe
Devant tes yeux d'azur,
Je fond, sois en sûr.

EG

L'ESSENCE

De sa note si sucrée
Il s'en vient m'ensorceler
Ainsi je reste à tout jamais
Sa prisonnière émancipée.

EG

TES YEUX

Dans un avenir flou
Où il ne reste que nous
Je revois tes yeux.
Nous deux.
Le ciel,
La mer,
Une douceur lunaire,
Comme du miel.

EG

TOI

Ta chair dans la mienne
Sur le lit, sur le canapé,
La lune presque terrienne
Par la fenêtre brisée,
Tous les jours,
Toutes les nuits,
Demain pour toujours,
La vie aussi.

EG

CHULA

Sur le bord de la route
J'ai des regrets,
J'encaisse les doutes,
J'aimerais m'effacer,
Danser des slows
Au bord de l'eau
Avec toi tout l'été,
Mais je suis trop brisée
Pour m'abandonner,
Pour réussir à aimer,
Alors je reste planter là
À m'attendre moi.

EG

JUSTE TOI II

Je vois dans tes yeux
Un amour infini
Dans ton coeur détruit
D'un tu passes à deux
De nos jours amoureux
J'en vois un bel avenir
Je perçois dans ton rire
Un amour délicieux
Monsieur reste près de moi
Garde mon coeur en émoi.

EG

Automne

PRÈS DE TOI

Les anges de l'enfer l'escortent
Alors que son coeur a fermé les portes,
Elle voulait l'amour,
Celui qui dure toujours,
Mais ses pleurs l'ont emporté,
Brisé.
Depuis elle se meurt à petit feu,
Plus l'espoir d'être deux,
Elle encaisse,
Elle se blesse.
Chaque nuit elle sort,
Elle apprécie la mort,
Comme une vieille amie,
À qui l'on sourit.

EG

SUR LA ROUTE

Ça fait rêver la liberté,
L'envie d'aimer,
L'envie d'aller
Plus loin encore,
Avec toi mon amour,
Jusqu'aux aurores,
Jusqu'au levé du jour,
T'es yeux dans les miens,
Jusqu'à demain.

EG

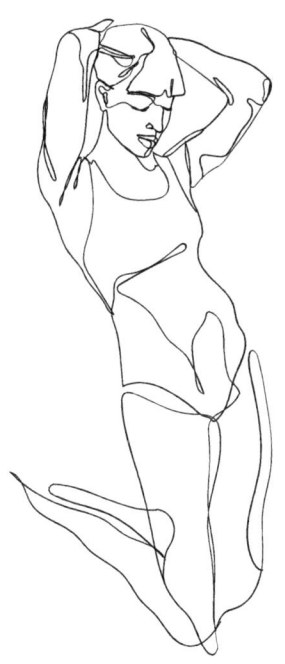

CONFESSION

J'ai envie de te parler comme on se parle à soi-même, tu me ressembles tellement que c'est sûrement un peu le cas. Je ne sais pas si c'est le fait que tu sois carrément le reflet de mon âme qui m'effraie à ce point. Sûrement oui. Tout ce que je sais c'est que des gens s'agrippent les uns aux autres sans avoir de concordances phénoménales et se déchirent sans cesse pendant qu'on se fond l'un dans l'autre sans jamais s'être touchés. On entremêle nos âmes sans le moindre effort et ça donne un putain de puzzle aux mille couleurs. On s'apprivoise avec une facilité qui en serait presque dommage et pourtant des kilomètres nous séparent, nos silences et nos coeurs effrayés aussi.

On s'esquive depuis quelques années, on va voir ailleurs histoire de voir si on ne peut pas trouver moins effrayant, plus simple mais tout aussi beau. On cherche encore et encore ce qu'on a sous les yeux depuis si longtemps, on rêve d'un tour du monde en voilier en ayant peur de l'eau. On se raconte la façon dont on rêve secrètement des mêmes choses et on n'est même pas foutus d'essayer de les vivre ensemble.

Tu crois qu'on a besoin de se tromper encore combien de fois avant de comprendre que même si l'eau nous effraie, l'océan c'est quand même vachement beau?

EG

UN AUTRE JOUR

D'un avenir pluvieux,
Ressort toujours le beau temps,
Un jour plus merveilleux,
Chassera le mauvais temps.

EG

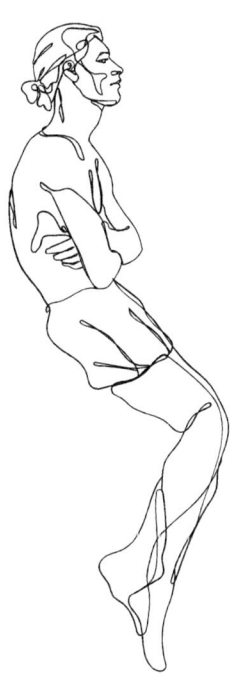

SPLEEN

Ton lit,
Mes écrits,
Nuits blanches
Et pensées noires.

Cœurs étanches,
Corps exutoires,
Goût amer
Des souvenirs d'hier.

EG

L'ÉCRIVAIN

Quelques centaines d'heures passées à écrire
Des océans de pages et de jolies histoires,
Des milliers de mots, des pleurs et des rires
Désormais oubliés, disparus dans l'armoire.

Quelques nombreuses nuits passées à rêver
D'un meilleur avenir ou d'un plus bel amour,
À coucher sur papier les désirs, les pensées
Les plus désabusés, jusqu'au levé du jour.

Quelques nombreuses fois passées à douter,
À parcourir Paris, seul ou accompagné,
À la recherche d'un monde, d'une vie à inventer.
À revivre une jeunesse bien trop vite effacée.

EG

LA VIE EN ROSE

Je n'aime pas les roses,
Ni ta façon de les offrir,
Ni tes discours en prose
Quand je m'apprête à partir.

EG

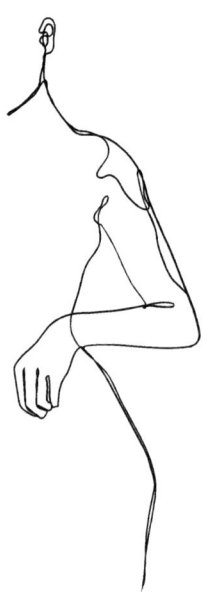

ÂME SOEUR

À nos corps rapprochés,
Nos âmes éloignées,
Nos tords inavoués,
Nos nuits à trop penser
Et celles à trop pleurer,
À tout ce qu'on a gâché,
Ce qu'on aimerait s'avouer,
À nos regrets secrets,
Notre histoire inachevée,
Santé.

EG

DANS LE TRAIN

Dans le train
Pour demain
Si je te vois,
Je ne pleurerais pas.
Quand tes bras
Enlaceront cette nana
Je resterais là,
À écouter tes pas.
Dans le train
Pour demain
J'attendrais que tu rentres,
J'attendrais encore,
Que tu m'aimes alors
En ce soir de décembre.

EG

ALLÔ LE MONDE

La solitude du coeur est devenue monnaie courante. Quant aux relations de confiance, elles ont pris leurs distances. La dépendance affective fait sa place tranquille car les belles âmes sont rares alors on s'y accroche. Pressés et névrosés, je crois qu'on est tous cassés. La société nous fume, les faux-semblants aussi. Faut être beau sur les réseaux même si nos vies sont laides. Faut sortir, faut se rencontrer, non juste fous moi la paix. Je me fous de tes grands cocktails et de tes bars branchés. Je préfère rester ici, essayer de me trouver. J'essaie de trouver le bonheur alors je compte pas mes heures. Non je ne suis pas brisée, juste un peu déroutée. L'essentiel m'a manqué, je compte bien en profiter. Je réessaie d'aimer, silence, faut se concentrer.

EG

Hiver

L'ABSENCE

Je me souviens de tes caresses et de nos nuits animales. Mais aussi de tes absences et de tes retours douteux. Je me souviens de la souffrance, de nos matins d'amoureux. Se quitter pour s'adorer ça nous réussissait, cette fois on s'est laissé pour ne plus se retrouver. Si tu revenais et qu'on recommençait? À tes vingt-six ans, à mes vingt-sept et à tout ce qu'on a plus le temps de reporter à demain.

EG

CONSUMÉE

En tête-à-tête tard la nuit,
Mes confidences et ta fumée,
Sentir le vent jusqu'à minuit
Seule dans une rue peu éclairée.

Tu me consoles, je te consume,
Et de la main qui tient la plume,
Je fume en guise d'échappatoire
Au manque d'inspiration le soir.

EG

CHALEUR HUMAINE

De nos corps enivrés,
Il n'en restera rien.
De nos vies décimées,
Notre amour diluvien.

Le vent l'emportera,
Ton corps et puis le mien.
Les derniers mimosas
Faneront peut-être demain.

Alors partons encore,
Rions jusqu'aux aurores.

Les douces pluies d'été,
Sur nos peaux abîmées
Cesseront sans doute un jour.

N'aie pas peur mon Amour,
Car même si vient la fin,
De ce monde assassin,

Je t'ai promis mon âme,
Sur le parvis de Notre-Dame.

ƐG

LA PETITE MORT

Elle était douce, elle était belle,
Elle vieillit seule même dans ses rêves,
Sans tes baisers sur sa peau frêle
Son coeur est mort et sous la grêle,
Il reste l'espoir de jours meilleurs
D'une nouvelle vie, d'un monde ailleurs.

EG

SONGES

Il fait si froid dehors.
À m'en glacer le coeur.
Et je t'observe tu dors.
Et moi je conte mes peurs.

Il fait si froid dehors.
Et j'écris mes pensées
Dans ce silence de mort,
Sans jamais les avouer.

EG

ÔDE À MON PÈRE

Aux milliers de jours noirs
S'ajoute une âme brisée,
Des danses de joie il ne reste que fumée.
Partis l'espoir et le son des guitares.

Les douces mélodies ne bercent plus mes nuits,
Aurais-je d'autres choix que de vivre sans lui?
De ses mains éreintées il n'en reste qu'une lueur.
Des souvenirs si brefs, plus vils qu'une fleur.

S'en vient alors une guerre,
Une guerre contre l'insomnie.
Elle qui dicte mes nuits
Qui rend mon coeur amer,

Serais-je jalouse du ciel?
Lui qui compte ses bras
Qui peut jouir de sa voix.

Morts sont mes rêves d'autel.
Mes envies d'amour, d'une vie douce et paisible,
Mes rêves de bonheur étaient donc combustibles.

ƐG

ALCOOL

J'ai étourdi tant de cauchemars,
Réconforté tant de couche-tard,
Qui aurait cru qu'un soir alors
Je serai associé à la mort?

Des amoureux du pont des arts,
Aux rendez-vous rue de Vaugirard,
J'ai rassemblé tant de copains,
Souvent même jusqu'au petit matin.

Mais il vint ce soir de décembre
Où elle m'a sorti du placard,
Et d'une main sans plus attendre,
Elle a mit fin à ses cauchemars.

Fatiguée d'un amour détruit,
Elle m'a choisi pour derrière nuit.
J'étais là quand il l'a laissé,
Qu'il s'est enfui avec une autre,

Près d'elle je me suis tenu prêt,
Qu'aurais-je alors bien pu faire d'autre?
Je voulais seulement l'apaiser,
Mais elle a préféré l'excès,

Noyer sa peine dans mes vapeurs,
Jusqu'à en arrêter son coeur.
Condamné à n'être que témoin
Du sang qui coule sur mes mains.

Toutes ces âmes désorientées,
Par ma faute parties en fumée,
D'avoir tué je me sens minable,
Tant d'homicides dont je suis coupable.

EG

LETTRE À MON COEUR

Salut, écoute voilà il fallait vraiment que je te parle. Je t'aime hein, je t'adore vraiment. Je t'aime pour toutes ces choses géniales que tu me fais ressentir si fort. J'aime fondre devant un chaton ou pleurer devant un film d'amour. J'aime quand tu t'emballes dans les montagnes russes ou quand tu bats à la chamade quand je fais l'amour. J'aime quand tu es calme et apaisé et que je me sens bien. J'aime être amoureuse et me sentir idiote de l'être. J'aime l'excitation que tu crées parfois en moi et cette adrénaline qui peut parcourir mon être. J'aime être émue par tout un tas de petites choses ou rire bêtement parce que je me sens gênée de ne pas comprendre ce que je ressens. Mais ce soir tu vois j'aimerais que tu me laisses un peu tranquille parce que tu me fais mal. J'ai mal de cette partie de toi qui me fait souffrir. Cette partie de toi qui me fait ressentir ce que j'aimerais oublier.

EG

L'ABSENCE II

Cette peur de vivre sans toi,
s'accentue les soirs d'hiver,
Allez viens,
viens,
rappelle moi aux souvenirs d'hier.

EG

RESTE

Reste avec moi.
Pourquoi tu t'en vas?
Pourquoi j'ai froid?
Sans toi dans mes bras.
Pourquoi je suis là?
Si toi tu n'y es pas.
Un autre jour s'en va,
Et je crève là.

EG

T'EN VA PAS

Dans ces chansons là,
Papa,
Je revois tes yeux.
Dans les cieux tu es,
Désormais
La vie sans toi ici,
Me rend aigrie.
Aucun n'est à la hauteur.
Quand je pense à ce bonheur
À ton sourire envolé,
Je n'ai plus pied.

EG

D'UN AUTRE MONDE

De ce monde sans toi
J'oublie chaque parcelle.
Dans tes yeux je crois,
Brille cette étincelle.
Je resterais là
À écouter tes pas,
Berce moi de ta voix.
Tu le sais, je suis à toi
Mon amour crois moi,
Je ne partirais pas.

EG

emelinegeoffrin_

Dominique Delachaume

PRÉSENTE

Impérities

Même s'il n'en est pas pleinement conscient, l'artiste se doute qu'il vient d'être témoin et peut-être même acteur, d'une scène que la science et la logique humaine ne pourront jamais accepter. Il sent au plus profond de son âme que ce n'est pas la crédibilité de son récit, qui est en jeu, mais le destin de l'humanité dans son entier.

Il devine sans vraiment le comprendre que de nombreuses vies vont dépendre de son interprétation des faits, mais ne sait absolument pas comment il doit agir pour modifier l'avenir.

Alors, totalement submergé par une intense et incontrôlable énergie, il fait la seule chose qui lui paraît encore avoir un sens : il continue d'écrire ce qu'il voit, pour laisser une trace, avant de perdre totalement la raison…

Prêt à plonger dans un étrange mélange de réalité et de fiction, il laisse parfois ses sentiments les plus intimes noircir les pages de diverses Impérities avant de sombrer corps et âme dans

LES DIMENSIONS INCERTAINES !

www.ddeye.fr